Nadir Salih
Halima Elbashier
Eshtiag A. Abd Elrhman

Auto-diagnóstico da Diabetes utilizando o Algoritmo CBR

Nadir Salih
Halima Elbashier
Eshtiag A. Abd Elrhman

Auto-diagnóstico da Diabetes utilizando o Algoritmo CBR

Imprint

Any brand names and product names mentioned in this book are subject to trademark, brand or patent protection and are trademarks or registered trademarks of their respective holders. The use of brand names, product names, common names, trade names, product descriptions etc. even without a particular marking in this work is in no way to be construed to mean that such names may be regarded as unrestricted in respect of trademark and brand protection legislation and could thus be used by anyone.

Cover image: www.ingimage.com

This book is a translation from the original published under ISBN 978-613-8-50110-7.

Publisher:
Sciencia Scripts
is a trademark of
Dodo Books Indian Ocean Ltd. and OmniScriptum S.R.L publishing group

120 High Road, East Finchley, London, N2 9ED, United Kingdom
Str. Armeneasca 28/1, office 1, Chisinau MD-2012, Republic of Moldova, Europe
Printed at: see last page
ISBN: 978-620-8-14978-9

ÍNDICE

CAPÍTULO 1
INTRODUÇÃO

1.1 Introdução

Esta secção descreve brevemente o diagnóstico da diabetes mellitus utilizando o raciocínio baseado em casos (CBR) para prever os pacientes diabéticos, pré-diabéticos e normais que foram desenvolvidos. Este capítulo é composto por cinco secções: a primeira secção descreve os antecedentes do projeto. A segunda secção descreve o enunciado do problema e a motivação do projeto. A terceira secção descreve os objectivos do projeto. A quarta secção descreve o âmbito do projeto. Finalmente, na quinta secção, descreve-se a organização da tese.

1.2 Antecedentes

No domínio da medicina, o diagnóstico, a classificação e o tratamento são as principais tarefas de um médico. A natureza complexa e multifacetada do domínio médico, tal como o domínio psicofisiológico, requer frequentemente o desenvolvimento de um sistema que aplique várias técnicas de inteligência artificial, como por exemplo a RBC [1].

A diabetes é uma doença crónica que aumenta rapidamente devido ao estilo de vida sedentário, às mudanças na cultura urbana, aos alimentos pouco saudáveis e à falta de atividade física [2]. É um grupo de doenças caracterizadas por níveis elevados de glicose no sangue ("açúcar") resultantes de defeitos na secreção de insulina, na ação da insulina ou em ambas.

A insulina é uma hormona que regula o metabolismo dos hidratos de carbono através do controlo dos níveis de glicose no sangue. A prevalência global da diabetes entre os adultos com mais de 18 anos aumentou de 4,7% em 1980 para 8,5% em 2014. Em 2012, estima-se que 1,5 milhões de mortes foram diretamente causadas pela diabetes e outros 2,2 milhões de mortes foram atribuídas a níveis elevados de glicose no sangue (relatório da OMS).

O raciocínio baseado em casos (CBR) é inspirado na forma como os seres humanos raciocinam, por exemplo, para resolver um novo problema aplicando experiências anteriores adaptadas à situação atual. Uma experiência (um caso) contém normalmente um, um diagnóstico/classificação, uma solução e os seus resultados. Para um novo caso problemático, um sistema de RBC compara a parte problemática do caso com casos da chamada biblioteca de casos e recupera as soluções dos casos mais semelhantes que são sugeridos como solução depois de adaptados à situação atual [1].

A diabetes mellitus é uma doença em que a capacidade do organismo para produzir ou responder à hormona insulina é afetada, o que resulta num metabolismo anormal dos hidratos de carbono e em níveis elevados de glicose no sangue e na urina.

De acordo com a Organização Mundial de Saúde (OMS), em 2012, estima-se que 1,5 milhões de mortes foram diretamente causadas pela diabetes e outros 2,2 milhões de mortes foram atribuídas a níveis elevados de glicose no sangue.

A RBC é uma abordagem para a resolução de problemas com base na solução de casos passados semelhantes. O objetivo da RBC é proporcionar ao decisor a capacidade de utilizar o conhecimento específico de situações problemáticas concretas previamente vividas ou de casos específicos de doentes. Não é utilizada apenas no domínio médico, mas também nos domínios financeiro, agrícola, da gestão e muitos outros (Investopedia.com, 2011).

Existem alguns trabalhos diferentes que apresentam a técnica de diagnóstico da diabetes mellitus, tais como Neutral Network, Expert Application e Rough sets. A utilização da técnica CBR permite melhorar o desempenho da resolução de problemas através da reutilização e da utilização de dados existentes. Também pode reduzir os esforços de aquisição de conhecimentos e exigir menos esforço de manutenção.

1.3 Declaração do problema

O número de especialistas e de peritos no domínio médico sobre a diabetes mellitus é limitado. Os doentes têm de marcar consultas com eles antes de efectuarem o exame médico. Muitos doentes têm de esperar demasiado tempo para obter os resultados do exame.

A RBC ajudará os médicos a facilitar o seu trabalho e a fornecer relatórios médicos rápidos e corretos aos seus pacientes

Questão de investigação 1: que método pode ser desenvolvido para o autodiagnóstico da diabetes mellitus?

Começámos a aplicar o conceito de sistema autónomo, que permite que o sistema funcione sem a intervenção do utilizador. O algoritmo de Raciocínio Baseado em Casos (CBR) foi implementado e concebido de forma adequada.

Questão de investigação 2: Como podemos utilizar a RBC para desenvolver um sistema de diagnóstico da diabetes mellitus?

Podemos utilizar o diagnóstico de teste dos doentes como casos de RBC, e depois podemos diagnosticar novos doentes de acordo com a solução semelhante dos casos armazenados.

1.4 Objectivos

A medicina é um domínio vasto e complexo, o que faz com que seja uma área difícil de raciocinar. Em vez de abordar o domínio como um todo, pretendemos propor um sistema que seja adaptável e possa raciocinar numa área específica da medicina. Vamos construir uma RBC semanticamente inteligente que imite o pensamento de um perito para diagnosticar a doença da diabetes.

O produto do nosso trabalho será um sistema de software que implementa o algoritmo de Raciocínio Baseado em Casos para o testar em dados reais. O nosso principal objetivo é criar um sistema que, através da interação com o paciente, seja capaz de prever com precisão o diagnóstico desse paciente, o que produz um bom desempenho no diagnóstico. Isto pode ajudar a:

1)   Diagnosticar mais cedo a doença da diabetes

2)   Descobrir se a pessoa é propensa à doença da diabetes

3)   Reduzir o custo e o tempo de diagnóstico da doença da diabetes

4)   Aumentar a disponibilidade e o número de recursos e actividades para as pessoas com

diabetes, suas famílias e outras partes interessadas

1.5 Âmbito de aplicação

Este sistema autónomo utiliza o algoritmo CBR para resolver o problema e utiliza um conjunto de dados recolhidos num hospital militar. Este sistema baseia-se num sistema autónomo e centra-se em verificar se o doente é diabético ou se tem tendência para tal. O utilizador do sistema é constituído por médicos especialistas e pessoal médico, a fim de os ajudar a diagnosticar a diabetes mellitus.

1.6 Organização da tese

Trata-se de um estudo sobre a RBC para o diagnóstico da diabetes mellitus e é composto por cinco capítulos, como se segue:

Capítulo I: Introdução

Neste capítulo, fornecemos informações de base sobre a aplicação, que normalmente incluem a declaração do problema, os objectivos e o âmbito.

Capítulo Dois: Revisão da literatura

Consiste num estudo de caso, revisão da literatura e avaliação de pesquisas anteriores sobre a técnica de RBC no diagnóstico da diabetes mellitus.

Capítulo III: Metodologia

É uma orientação para a resolução de um problema, com componentes específicos da RBC, tais como fases, tarefas, métodos, técnicas e ferramentas utilizadas no projeto

Capítulo Quatro: Conceção, implementação, análise e resultados

A implementação do projeto de investigação é apresentada, a conceção das interfaces, a apresentação dos resultados do projeto e a discussão dos resultados do projeto

Capítulo Cinco: Conclusão e recomendação

O investigador apresenta as conclusões e sugere algumas recomendações para melhorar o projeto no futuro. Este capítulo fará um breve resumo do projeto global

Referências

CAPÍTULO 2

Revisão da literatura

2.1 Introdução

Este capítulo descreve a revisão sobre o diagnóstico da diabetes mellitus utilizando sistemas periciais. Este capítulo é composto por duas secções: A primeira secção explica brevemente o contexto da diabetes mellitus e o conjunto de dados da diabetes mellitus. A segunda secção descreve a revisão dos trabalhos anteriores.

2.2 Diabetes Mellitus

A diabetes mellitus é uma das doenças mais comuns no mundo. É uma doença em que a capacidade do organismo para produzir ou responder à hormona insulina está diminuída, o que resulta num metabolismo anormal dos hidratos de carbono e em níveis elevados de glicose no sangue e na urina. Muitas das complicações associadas à diabetes, como a nefropatia, a retinopatia (que leva à cegueira), a neuropatia, a doença cardiovascular, o acidente vascular cerebral e a morte, podem ser retardadas ou evitadas com o tratamento adequado da pressão arterial, dos lípidos e da glicemia elevados[25,4,5].

A prevalência global da diabetes* entre os adultos com mais de 18 anos de idade aumentou de 4,7% em 1980 para 8,5% em 2014. Em 2012, estima-se que 1,5 milhões de mortes foram diretamente causadas pela diabetes e outros 2,2 milhões de mortes foram atribuídas a níveis elevados de glicose no sangue [25].

A figura seguinte (2.1) mostra a percentagem de todas as mortes atribuíveis a glicemia elevada em adultos com idades compreendidas entre os 20 e os 69 anos, por região e sexo, nos anos 2000 e 2012:

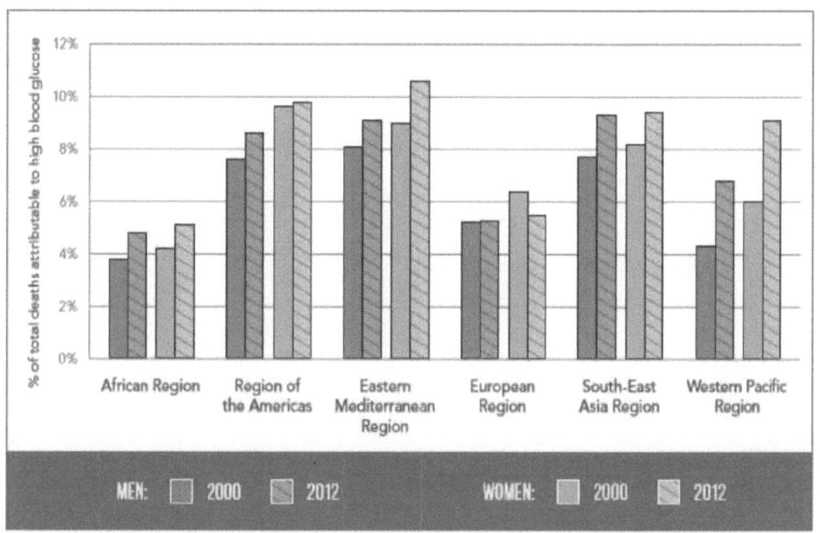

Figura 2.1 Percentagens de todas as mortes atribuíveis à glucose elevada no sangue [25]

2.3 Tipos de diabetes

Existem três tipos de diabetes:

2.3.1 Diabetes tipo 1

A causa exacta da diabetes tipo 1 é desconhecida. O que se sabe é que o sistema imunitário - que normalmente combate bactérias ou vírus nocivos - ataca e destrói as células produtoras de insulina no pâncreas. Isto deixa-o com pouca ou nenhuma insulina. Em vez de ser transportado para as suas células, o açúcar acumula-se na sua corrente sanguínea. Pensa-se que o tipo 1 é causado por uma combinação de suscetibilidade genética e factores ambientais, embora ainda não se saiba exatamente quais são muitos desses factores[5].

2.3.2 Diabetes tipo 2

Na pré-diabetes - que pode levar à diabetes de tipo 2 - e na diabetes de tipo 2, as células tornam-se resistentes à ação da insulina e o pâncreas não consegue produzir insulina suficiente para vencer esta resistência. Em vez de se deslocar para as células, onde é necessário para obter energia, o açúcar acumula-se na corrente sanguínea.

A razão exacta pela qual isto acontece é incerta, embora se acredite que os factores genéticos e ambientais desempenham um papel no desenvolvimento da diabetes tipo 2. O excesso de peso está fortemente ligado ao desenvolvimento da diabetes tipo 2, mas nem todas as pessoas com diabetes tipo 2 têm excesso de peso[5].

2.3.3 Diabetes gestacional

Durante a gravidez, a placenta produz hormonas para sustentar a gravidez. Estas hormonas tornam as suas células mais resistentes à insulina.

Normalmente, o pâncreas responde produzindo insulina extra suficiente para ultrapassar esta resistência. Mas, por vezes, o pâncreas não consegue acompanhar o ritmo. Quando isto acontece, muito pouca glucose entra nas células e demasiada fica no sangue, resultando em diabetes gestacional[6].

2.3.4 Sintomas da diabetes

O sintoma mais consistente da diabetes mellitus (Tipo 1 e Tipo 2) é o aumento dos níveis de açúcar no sangue. A diabetes de tipo 1 é causada pelo facto de o corpo não produzir insulina suficiente para regular adequadamente o açúcar no sangue, enquanto a diabetes de tipo 2 é causada pelo facto de o corpo desenvolver resistência à insulina. Ignorar os sintomas da diabetes numa fase inicial pode levar a riscos graves para a saúde a longo prazo e a complicações que podem conduzir a outras doenças fatais. Em seguida, são apresentados alguns "sinais precoces" comuns da diabetes:

Diabetes tipo 1

a) Micção frequente

b)	Sede invulgar

c)	Fome extrema

d)	Perda de peso invulgar

e)	Fadiga extrema e Irritabilidade

Diabetes tipo 2

a)	Qualquer um dos sintomas de tipo 1

b)	Cicatrização lenta das feridas

c)	Visão turva

d)   Cortes/contusões que demoram a sarar

e)   Formigueiros/dormentes nas mãos/pés

f) Pele seca ou com comichão, infecções das gengivas ou da bexiga

2.4 Testes de diagnóstico da diabetes mellitus:

São vários os testes utilizados para diagnosticar a diabetes, tais como[7]:

2.4.1 Teste de glucose plasmática em jejum (FPG):

Mede a glucose no sangue de uma pessoa que não comeu nada durante pelo menos 8 horas para detetar diabetes ou pré-diabetes

2.4.2 Teste oral de tolerância à glucose (OGTT):

Para medir o nível de glicose no sangue depois de uma pessoa estar em jejum durante pelo menos 8 horas e 2 horas depois de a pessoa beber uma bebida que contenha glicose e um teste aleatório de glicose no plasma para medir o nível de glicose no sangue sem ter em conta a última vez que a pessoa testada comeu.

2.4.3 Teste HbA1c:

Também chamada hemoglobina A1C, HbA1c ou teste de glicohemoglobina.

2.4.4 Teste aleatório de glicose no plasma (RPG):

Por vezes utilizado para diagnosticar a diabetes durante um exame de saúde regular. Se o RPG medir 200 microgramas por decilitro ou mais.

A figura seguinte (2.2) mostra os critérios de diagnóstico da diabetes utilizando FPG, OGTT e HbA1c:

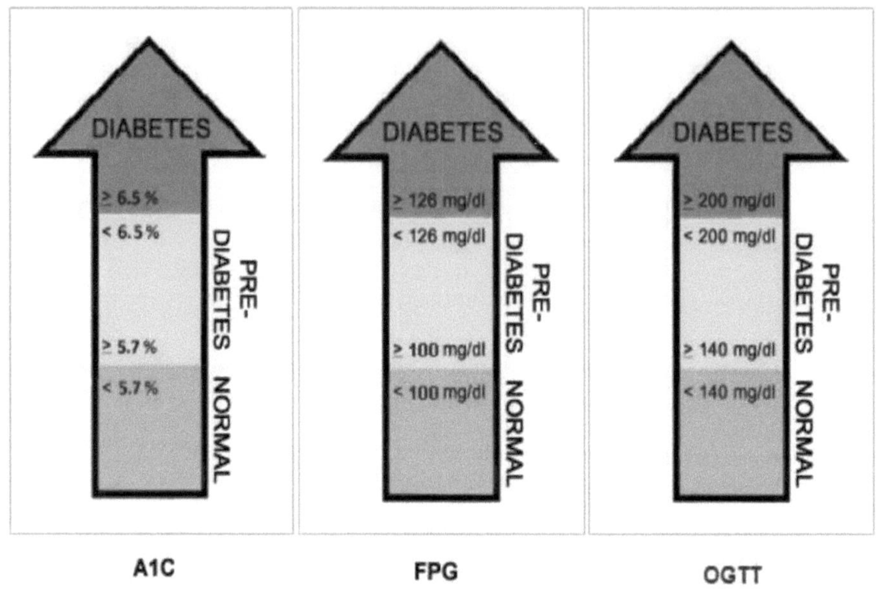

Figura 2.2 Critérios de Diagnóstico da Diabetes[25]

2.5 Trabalhos anteriores

2.5.1 Redes Neuronais Artificiais

R. P. Ambilwade et al em [8] referiram que os sistemas médicos especializados estão a ser utilizados para o diagnóstico da diabetes, em que os sintomas do doente e outros pormenores são introduzidos e o sistema diagnostica a doença, recomenda o tratamento ou os medicamentos que podem ser prescritos. Foi utilizada uma rede neural artificial. Neste trabalho de investigação, a rede neural artificial tem uma precisão superior a 89%.

Ebenezer Obaloluwa et al em [9] diagnosticaram a diabetes através da criação de uma rede neural multicamada feedforward e treinada com o algoritmo back-propagation que classifica os pacientes com teste positivo como binário 1 e os pacientes com teste negativo como binário 0. A utilização da rede neural treinada deu uma taxa de reconhecimento de 82% no teste.

A vantagem de utilizar uma rede neuronal é que esta aprende o comportamento da aplicação utilizando os dados de entrada e saída da aplicação. As redes neuronais têm boas capacidades. São eficazes em problemas de variantes temporais, mesmo em condições de ruído. Assim, as redes neuronais podem resolver muitos problemas que não estão resolvidos ou que são resolvidos de forma ineficaz pelas técnicas existentes, incluindo a lógica difusa.

Por último, as redes neuronais podem desenvolver soluções que satisfazem uma precisão pré-especificada. É difícil, se não impossível, determinar a dimensão e a estrutura adequadas de uma rede neuronal para resolver um determinado problema. As redes neuronais também não são bem dimensionadas.

A manipulação dos parâmetros de aprendizagem para a aprendizagem e a convergência torna-se cada vez mais difícil. As redes neuronais artificiais ainda estão longe das redes neuronais biológicas, mas o que sabemos atualmente sobre redes neuronais artificiais é suficiente para resolver muitos problemas que anteriormente não tinham solução ou que, na melhor das hipóteses, tinham uma solução ineficiente.

2.5.2 Sistemas baseados em regras

Akteretal em [10] forneceu um sistema baseado no conhecimento para o diagnóstico e a gestão da diabetes mellitus. Consideraram que os cuidados preventivos ajudam a controlar a gravidade da doença crónica da diabetes. Além disso, as medidas preventivas requerem uma sensibilização educativa adequada e controlos de saúde de rotina. O principal objetivo desta investigação foi desenvolver um sistema automatizado de baixo custo baseado no conhecimento e com uma interface informática fácil. Este sistema efectua as tarefas de diagnóstico utilizando regras obtidas junto dos médicos com base nos dados dos pacientes.

Tawfik Saeed et al em [11] forneceram um sistema pericial baseado em regras para diagnosticar todos os tipos de diabetes, codificado com VP_Expert Shell e testado no Shahid Hasheminezhad Teaching Hospital afiliado à Universidade de Ciências Médicas de Teerão, tendo sido apresentado o sistema pericial final. Foi referido que alguns destes doentes não têm acesso aos médicos nas alturas necessárias. Por conseguinte, um sistema deste tipo pode fornecer aos diabéticos as informações necessárias sobre as indicações, o diagnóstico e os conselhos de tratamento primário. Uma vez que este sistema pericial reúne o conhecimento de vários especialistas médicos, o sistema tem um âmbito mais alargado e pode ser mais útil para os doentes - em comparação com apenas um médico.

As regras são o paradigma mais popular para representar o conhecimento. Um sistema pericial baseado em regras é um sistema cuja base de conhecimentos contém o conhecimento do domínio codificado sob a forma de regras. É eficiente devido à sua natureza modular, o que significa que o encapsulamento do conhecimento e a expansão do sistema pericial são feitos de forma fácil.

Além disso, as regras facilitam a criação de mecanismos de explicação. No entanto, os sistemas baseados em regras têm de ser especialmente concebidos para evitar ciclos infinitos; a modificação da base de conhecimentos pode ser complicada, podendo haver contradições. O quadro seguinte (2.1) apresenta a análise dos trabalhos anteriores:

Quadro 2.1 trabalhos anteriores

Study	Technique	Results	Open issue
[8]	Artificial neural networks	In this research work, the highest accuracy above 89%	It is difficult to determine the proper size and structure of a neural networks to solve a given problem
[9]	Artificial neural network	The use of trained neural network gave recognition rate of 82% on test	It is difficult to determine the proper size and structure of a neural networks to solve a given problem
[10]	Rule-based system	This system performs the diagnostic tasks using rules achieved from medical doctors on the basis of patients' data	Needs to be crafted to avoid infinite loops
[11]	Rule-based system	the system has a broader scope and can be more helpful to the patients -- in comparison to just one physician	Needs to be crafted to avoid infinite loops

Já referimos que é difícil, se não impossível, determinar a dimensão e a estrutura adequadas de uma rede neuronal para resolver um determinado problema. As redes neuronais também não são bem dimensionadas e os sistemas baseados em regras têm de ser especialmente concebidos para evitar loops infinitos, a modificação da base de conhecimentos pode ser complicada e pode haver contradições.

Por isso, vamos desenvolver um novo método para evitar estes problemas.

2.6 Resumo

O número de especialistas no domínio médico sobre a diabetes mellitus é limitado. Muitos doentes têm de esperar demasiado tempo para obter o resultado do exame. O número de médicos experientes está a diminuir devido à reforma, e os novos médicos irão substituir os seus lugares. Têm de aprender mais sobre o seu trabalho. Esta aplicação é muito útil para a gestão e ajuda os médicos inexperientes a verificar o seu diagnóstico. A RBC parece ser uma técnica adequada para a aplicação baseada no conhecimento médico. Esta técnica será mais eficaz na aplicação dos casos existentes a uma nova situação. O objetivo da investigação é classificar a glicose no sangue de um doente como normal, pré-diabético ou diabético. Para atingir o objetivo da investigação, devem ser cumpridos objectivos como o desenvolvimento de uma aplicação para diagnosticar a diabetes mellitus aplicando o algoritmo CBR. A metodologia da aplicação será abordada no próximo capítulo.

CAPÍTULO 3

METODOLOGIA

3.1 Introdução

Este capítulo aborda a metodologia do nosso sistema, o diagnóstico da diabetes mellitus utilizando o raciocínio baseado em casos. Esta aplicação é designada por DIABETES MELLITUS DIAGNOSIS APPLICATION (DMDA).

3.2 Raciocínio baseado em casos (CBR)

As agendas de investigação mais importantes da IA são a científica e a tecnológica. A agenda científica consiste em compreender a natureza da inteligência e do pensamento humano. E na agenda tecnológica, os investigadores de IA procuram desenvolver a tecnologia da inteligência que leva à criação de máquinas capazes de realizar tarefas úteis e artefactos inteligentes, de modo a poderem conceber e construir programas de computador capazes de resolver problemas e adaptar-se a novas situações. Neste artigo, discutimos o raciocínio baseado em casos, um paradigma de IA que aborda ambas as agendas de investigação.

O raciocínio baseado em casos é uma teoria psicológica da cognição humana [15]. O raciocínio baseado em casos (RBC) foi formalizado pela primeira vez na década de 1980, na sequência do trabalho de Schank e outros sobre a memória [12], e baseia-se na premissa fundamental de que os problemas semelhantes são melhor resolvidos com soluções semelhantes [13]. A sua ideia é aprender com a experiência.

3.2.1 Uma visão geral da RBC

O RBC permite a utilização do conhecimento de situações problemáticas concretas e previamente experimentadas. Um sistema de RBC requer uma boa quantidade de casos na sua base de dados de casos. A tarefa de recuperação começa com a descrição de um problema e termina quando é encontrado o melhor caso anterior correspondente. Um novo problema é resolvido encontrando um caso anterior semelhante e reutilizando-o na nova situação problemática. Às vezes, uma modificação da solução é feita para adaptar a solução anterior ao caso não resolvido. É importante salientar que a RBC também é uma abordagem à aprendizagem incremental e sustentada; a aprendizagem é o último passo num ciclo de RBC [14, 16].

3.2.2 Resolução de problemas com base em casos

Quando os padrões são complexos, a RBC pode ser utilizada como uma técnica de reconhecimento de padrões sem a necessidade de definir padrões explícitos [18].

O ciclo de raciocínio básico de um agente de RBC pode ser resumido por um ciclo esquemático (ver Fig. 1) e detalhado nos passos seguintes [16]:

a) Recuperar o(s) caso(s) mais semelhante(s) ao novo caso. As medidas de semelhança estão envolvidas nesta etapa.

b) Adaptar ou reutilizar as informações e conhecimentos desse caso para resolver o novo caso. O melhor caso selecionado tem de ser adaptado quando não corresponde perfeitamente ao novo caso.

c) Avaliar ou rever a solução proposta. Um agente de RBC necessita normalmente de algum feedback para saber o que está a correr bem e o que está a correr mal. Normalmente, este feedback é efectuado por simulação ou perguntando a um humano. Normalmente, isto é efectuado por simulação ou perguntando a um humano. Aprender ou reter as partes desta experiência susceptíveis de serem úteis para a resolução de problemas futuros. O agente pode aprender tanto com as soluções bem sucedidas como com as soluções falhadas (reparação).

3.2.3 Componentes do RBC

Existem vários componentes da RBC:

i. Caso

O caso tem duas componentes: a descrição do problema e a solução. Por isso, é definido como uma instância de um problema [18].

ii. Caso Base

A base de casos contém as experiências e corresponde a uma das quatro fontes de conhecimento necessárias num RBC. São elas o vocabulário, a base de casos, a medida de semelhança e os contentores de adaptação.

1. O primeiro, o vocabulário, contém os termos que suportam os outros. A base de casos compreende o que está num caso e como os casos são organizados.

2. O contentor de medidas de semelhança contém conhecimentos para determinar a semelhança entre dois casos na fase de recuperação.

3. O contentor de adaptação de soluções contém conhecimentos para adaptar soluções passadas

a novos problemas na fase de reutilização [18], [24].

iii. Índice de casos:

Kolodner identifica a indexação com um problema de acessibilidade [22], ou seja, com todo o conjunto de questões inerentes à criação da base de casos e ao seu processo de recuperação, de modo a que os casos certos sejam recuperados no momento certo. Assim, a indexação de casos envolve a atribuição de índices aos casos para facilitar a sua recuperação. Os investigadores de RBC propuseram várias diretrizes sobre indexação [23]. Os índices devem ser:

1. Previsão da relevância do caso

2. Reconhecíveis, no sentido em que deve ser compreensível a sua utilização

3. Suficientemente abstrato para permitir o alargamento da utilização futura da base de casos Suficientemente concreto (discriminativo) para facilitar uma recuperação eficiente e precisa.

3.2.4 Representação de casos

A recuperação de casos anteriores que conduzem à resolução do problema-alvo é considerada um passo importante no ciclo de RBC [17].

A tarefa Recuperar começa com uma descrição (parcial) do problema e termina quando é encontrado um caso anterior com a melhor correspondência. As suas subtarefas são designadas por Identificar caraterísticas, Correspondência inicial, Procurar e Selecionar, executadas por esta ordem. A tarefa de identificação apresenta basicamente um conjunto de descritores de problemas relevantes, o objetivo da tarefa de correspondência é devolver um conjunto de casos que sejam suficientemente semelhantes ao novo caso - dado um limiar de semelhança de algum tipo, e a tarefa de seleção trabalha neste conjunto de casos e escolhe a melhor correspondência (ou pelo menos um primeiro caso para experimentar) [14]. Além disso, é necessário decidir a origem dos casos.

No domínio médico, podem, por exemplo, ser criadas com a ajuda de médicos especialistas ou resultar da extração de dados de registos médicos electrónicos existentes. A manutenção destas bibliotecas também se torna importante quando o número de casos aumenta.

Embora estas sejam áreas problemáticas gerais que são relevantes para todos os tipos de sistemas de RBC, é necessário ter uma consideração especial quando se trabalha com sistemas de RBC.

3.2.5 Fases do RBC

Cycle Aamodt e Plaza [14] identificaram quatro fases da RBC - por vezes referidas como a que se chama o modelo R4 - que se combinam para formar um processo cíclico:

i. Recuperar casos semelhantes ao problema-alvo

ii. Reutilizar soluções anteriores

iii. Rever ou adaptar as soluções sugeridas para melhor se adequarem ao problema em causa

iv. Manter o objetivo e a solução na base de dados

A figura seguinte (3.1) mostra estas fases da RBC:

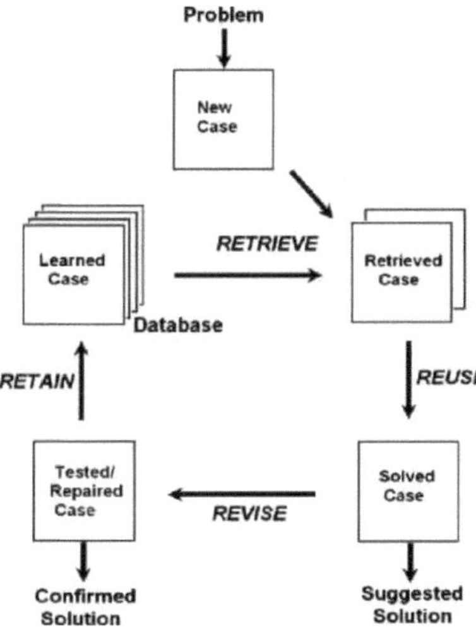

Figura 3.1 O processo de RBC [14]

i. Fase de recuperação:

Esta é uma fase importante em que se mede a semelhança entre um caso atual e casos passados. O caso mais semelhante ao caso atual é então recuperado da base de casos utilizando algumas métricas de semelhança.

A medida de semelhança calcula a semelhança entre um novo caso e casos anteriores restaurados na base de casos. Dependendo do domínio de aplicação e das caraterísticas utilizadas para descrever os casos, pode ser aplicada uma medida simples ou mais complexa [19][20].

Possivelmente, a técnica mais utilizada para a recuperação em RBC são as técnicas do vizinho mais próximo [3].

Os algoritmos do vizinho mais próximo utilizam todos uma técnica semelhante. A semelhança entre um caso-alvo, q, e um caso na base de casos, x, é determinada através do cálculo da semelhança δ entre cada caraterística, f, em ambos os casos. Esta semelhança pode então ser escalada utilizando um fator de ponderação, wf. A soma de todas as semelhanças escalonadas é calculada para fornecer uma medida de semelhança entre os dois casos (o caso-alvo e o caso na base de casos).

A correspondência mais próxima pode ser representada pela seguinte equação:

$$\text{Sim}(T, S) = \sum\nolimits_{i=1}^{n} f(T_j, S_i) * W_i \dots (3.1)$$

Onde:

T= caso-alvo

S= caso de origem

n= número de atributos em cada caso

I= atributo individual de 1 a n

f= função de semelhança para os atributos I nos casos T e S

w= ponderação da importância do atributo I

O vizinho mais próximo não é uma técnica eficiente. Porque, quando é introduzido um novo caso, a indexação deve ser efectuada e pode afetar a eficiência.

As semelhanças são normalmente normalizadas para se situarem no intervalo [0, 1], em que zero é diferente e um é uma correspondência exacta. A maior parte das ferramentas de RBC que utilizam técnicas de vizinho mais próximo utilizam algoritmos semelhantes a este, por exemplo o sistema Wayland (Price e Pegler, 1995).

ii. Fase de reutilização

Esta fase permite reutilizar e adaptar a solução sugerida (caso mais semelhante recuperado) ao problema-alvo. O que significa propor uma solução para um novo problema a partir das soluções dos casos recuperados.

Nos "4 REs" do ciclo clássico de RBC de Aamodt & Plaza (1994) (Figura 1), a reutilização aparece em segundo lugar, depois da recuperação, e é seguida pela revisão e retenção. A reutilização de um caso recuperado pode ser tão fácil como devolver a solução recuperada, inalterada, como a solução proposta para o novo problema. Isto é frequentemente adequado para tarefas de classificação, em que cada solução (ou classe) é suscetível de ser representada frequentemente na base de casos e, por conseguinte, o caso recuperado mais semelhante, se for suficientemente semelhante, é suscetível de conter uma solução adequada. Mas a reutilização torna-se mais difícil se existirem diferenças significativas entre o novo problema e o problema do caso recuperado. Nestas circunstâncias, a solução recuperada pode ter de ser adaptada para ter em conta essas diferenças importantes. A tomada de decisões médicas é um domínio em que a adaptação é normalmente necessária.

iii. Rever a fase

Normalmente, a fase de revisão consiste em avaliar a solução do caso gerada pela fase de reutilização e aprender com ela. Se o resultado for positivo, o sistema aprende com o sucesso (retenção do caso); caso contrário, é necessário reparar a solução do caso utilizando conhecimentos específicos do domínio. No que diz respeito à nossa abordagem, a revisão deve ser efectuada por peritos e especialistas em diabetes mellitus.

Nos sistemas de RBC, a solução é bem sucedida ou errada. Se for bem sucedida, o caso pode ser retido, inserindo-o na base de casos se necessário, ou não deve ser. Mas quando a solução falha, o sistema também está interessado em reter a razão da falha, pelo que existe uma tarefa de investigação para descobrir informações adicionais sobre o caso.

iv. Fase de retenção

Esta fase retém a solução e acrescenta-a à base de casos, uma vez validada a solução. Isto permite que o sistema aprenda com as suas experiências, existindo dois tipos de adaptação:

1. Adaptação estrutural

Na adaptação estrutural, as fórmulas e regras são aplicadas diretamente à solução armazenada na biblioteca RBC. Quando um caso é aplicado a estas regras e fórmulas. Em seguida, o sistema de RBC adapta este caso e combina-o com o novo problema.

2. Adaptação derivacional

É uma técnica que permite reutilizar as regras e fórmulas para produzir uma nova solução para um problema atual. As soluções que são recuperadas devem ser armazenadas como casos adicionais na biblioteca de RBC, de modo a reproduzir uma nova solução para um novo caso.

São utilizadas várias técnicas na RBC, desde as mais simples às mais complexas. As técnicas são as seguintes [3]:

a) Adaptação nula

Não utiliza qualquer tipo de adaptação. Limita-se a aplicar qualquer solução obtida ao problema atual sem a adaptar. A adaptação nula é útil para problemas que envolvem um raciocínio complexo.

b) Ajuste dos parâmetros

Trata-se de uma técnica estruturada que compara parâmetros específicos da recuperação e do caso atual para dar uma solução na direção certa. Esta técnica utilizada no CBR chama-se JUDGE.

c) Resposta Derivacional

Trata-se de uma técnica que consiste em retraçar o método para chegar a uma situação antiga e que é utilizada para dar uma nova solução numa situação nova.

d) Reparação guiada por modelos

Esta técnica utiliza um modelo causal para orientar a adaptação. Nesta técnica, também é necessária uma boa compreensão do domínio do problema.

3.2.6 Organização da base de casos

Quando há um novo problema, vamos buscar todos os casos relevantes à base de dados de casos, seleccionamos a solução adequada do caso recuperado e avaliamos essa solução; se for boa, guardamos esse problema na base de dados de casos; caso contrário, avaliamo-la novamente e fazemos as mesmas etapas.

A figura seguinte (3.2) mostra a organização da base de dados de casos:

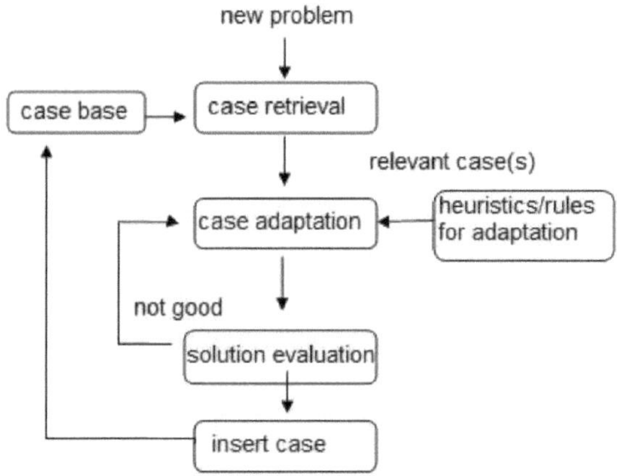

Figura 3.2 organização da base de casos [26]

3.2.7 Vantagens e limitações do CBR

O RBC é um método preguiçoso de resolução de problemas e partilha muitas caraterísticas com outros métodos preguiçosos de resolução de problemas, incluindo vantagens e desvantagens. Aha [21] define as peculiaridades dos métodos preguiçosos de resolução de problemas em termos de três Ds:

a) Adiar: os solucionadores de problemas preguiçosos guardam simplesmente os dados apresentados e a generalização para além desses dados é adiada até que seja feito um pedido explícito.

b) Orientada para os dados: os solucionadores de problemas preguiçosos respondem a um determinado pedido combinando informações dos dados armazenados.

c) Descartar: os solucionadores de problemas preguiçosos descartam qualquer resultado temporário (intermédio) obtido durante o processo de resolução do problema.

3.3 Conjunto de dados da diabetes mellitus

O conjunto de dados sobre a diabetes mellitus utilizado foi recolhido num hospital militar. O conjunto de dados contém 140 amostras, 70 das quais têm atributos com valores em falta e 70 amostras têm dados completos. Cada registo de amostra tem seis atributos. Os atributos dos dados são:

1. Idade

2. Género

3. Teste de glucose em jejum

4. OGTT de duas horas

5. Medição da HbA1c

6. Estado (normal, pré-diabético ou diabético)

Os tipos de dados dos atributos são apresentados no quadro seguinte (3.1):

Tabela 3.1 Cinco atributos importantes no diagnóstico da diabetes mellitus

Name of attributes	Type of value
Age	Integer
Gender	String
Fasting glucose test	Integer
Two-hour OGTT	Integer
HbA1C measurement	Double

3.3.1 Software

O software que será utilizado para desenvolver esta aplicação é o eclipse para criar a interface e codificar a função da aplicação. O eclipse utiliza java como linguagem de programação.

3.4 Conceção do utilizador

Na conceção do utilizador, o fluxograma é utilizado para descrever o fluxo da DMDA. Quando o novo caso de diabetes mellitus é determinado, a aplicação procura na base de casos os casos semelhantes e recupera o caso mais semelhante. Se a base de casos coincidir com o novo caso, a aplicação reutiliza a solução do caso semelhante como nova solução. Caso contrário, o processo regressa para recuperar o caso semelhante.

Nesta aplicação, é utilizada uma parte da RBC que é recuperada e reutilizada. O diagrama de fluxo do sistema de diagnóstico da diabetes mellitus é apresentado na figura 3.3

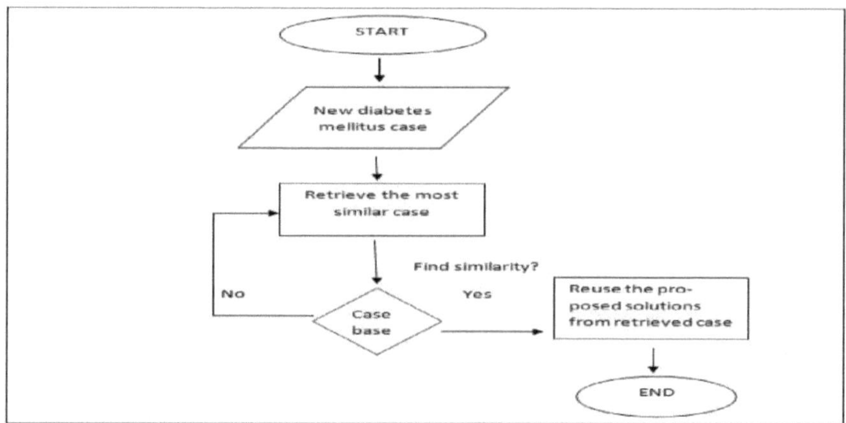

Figura 3.3O fluxograma do sistema de diagnóstico da diabetes mellitus

Os utilizadores são médicos especialistas ou pessoal médico responsável pelo diagnóstico. Quando o novo caso de diabetes mellitus é determinado, o administrador gera a aplicação para a base de casos para procurar os casos semelhantes. De seguida, a aplicação recupera o caso mais semelhante e faz a correspondência com o novo caso. Se o caso semelhante coincidir com o novo caso, os médicos especialistas reutilizaram a solução proposta a partir do caso recuperado como solução para o novo caso.

3.5 Resumo

O CBR reutiliza os dados existentes que foram armazenados na base de dados de casos como solução para os novos casos que são semelhantes. No final do desenvolvimento da aplicação, espera-se que funcione bem na atribuição da glicemia ao doente normal que não tem diabetes mellitus, ao pré-diabético que o doente tem tendência para ser ou ao diabético que tem fortes indícios de ter diabetes mellitus. A implementação da aplicação será abordada no próximo capítulo

CAPÍTULO 4
CONCEPÇÃO, EXECUÇÃO, ENSAIOS
E RESULTADOS

4.1 Introdução

Este capítulo abordará a forma como a fase de implementação foi efectuada no desenvolvimento do sistema de diagnóstico da diabetes e discutirá os resultados. O desenvolvimento envolve a conceção da interface gráfica do utilizador (GUI), a base de casos e o desenvolvimento da codificação de toda a aplicação. O método utilizado no desenvolvimento da aplicação e da base de dados também é aqui discutido. O sistema de diagnóstico da diabetes foi desenvolvido utilizando o Eclipse. O código-fonte da aplicação utiliza a linguagem de programação Java e a base de casos foi criada utilizando ficheiros de texto.

A figura abaixo (4.1) mostra a estrutura implementada do sistema de DIABETES MELLITUS DIAGNOSIS (DMDS) usando CBR:

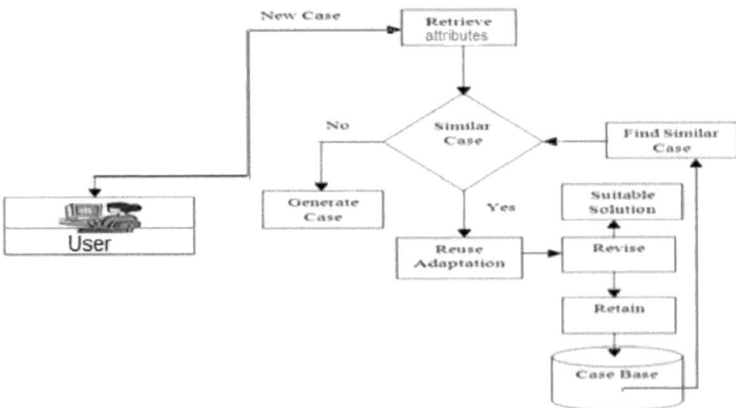

Figura 4.1 Quadro DMDS com recurso a RBC

A figura seguinte mostra as fases do nosso sistema desenvolvido:

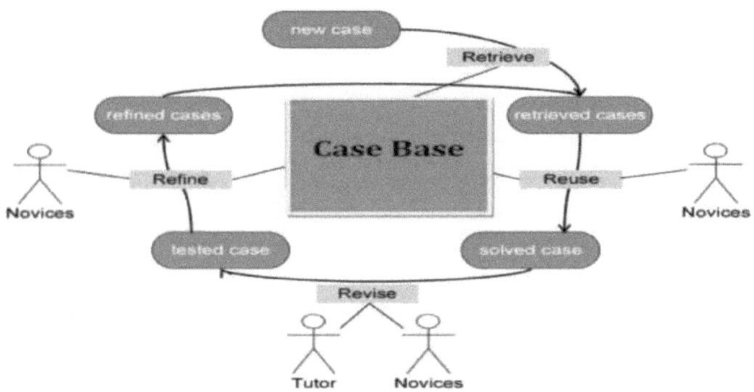

Figura 4.2 Fases do DMDS

4.2 Ambiente de desenvolvimento

Para esta aplicação, é desenvolvida em Eclipse utilizando a linguagem de programação Java. O sistema operativo utilizado é o Windows 7 com processador Intel(R) e 3 GB de RAM para desenvolver o ambiente da aplicação. Esta aplicação utiliza um conjunto de dados de doentes diabéticos recolhidos no Hospital Militar para avaliar o algoritmo CBR. Este conjunto de dados é utilizado como base de casos para a aplicação. A tabela (4.1) abaixo mostra as necessidades ambientais para o desenvolvimento da aplicação.

Quadro 4.1 Necessidades ambientais para o desenvolvimento da aplicação

Type	Tool	Platform
Programming Platform	Eclipse	Windows
Programming Language	Java	Windows
Operating System	-	Windows 7
Hardware	-	Samsung R430 labtop
Processor	-	Intel (R) Celeron (R) processor with 2.20GHz
RAM	-	3 GB
Case-base	Text file	-

4.3 Conceção da interface

A interface é a camada da aplicação ou do sistema que é utilizada para interagir com outros. É utilizada pelo utilizador para interagir entre interfaces.

No caso do nosso sistema, este é composto por seis interfaces. A primeira interface é constituída pelos pesos dos testes da diabetes mellitus, a segunda interface é constituída pelos valores dos testes do doente, a terceira é constituída pelo resultado do diagnóstico, a quarta apresenta todos os casos armazenados na base de casos, a quinta apresenta informações sobre o sistema e a diabetes mellitus e a última interface é destinada à retenção de casos. As figuras seguintes mostram o modelo do sistema de diagnóstico da diabetes utilizando o Raciocínio Baseado em Casos:

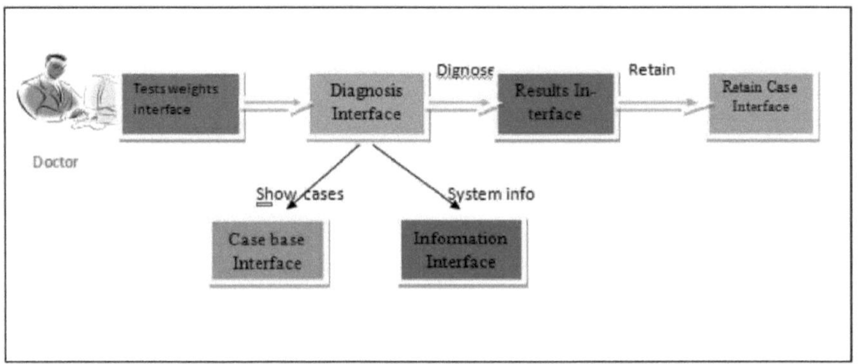

Figura 4.Modelo 3DMDSinterfaces

4.3.1 Interface dos pesos dos ensaios

É a primeira interface do modelo. Consiste em três campos de texto que são utilizados como entrada de pesos para o teste de jejum, o teste de 2 horas e o teste de HbA1c, e um botão para tratar esta ação. A idade e o género têm pesos constantes, idade=3, género=4. O peso é utilizado nas funções Manhattan e Euclidian para calcular a distância entre os novos casos e os casos armazenados. A figura seguinte (4.4) apresenta a interface de pesos dos testes no nosso sistema:

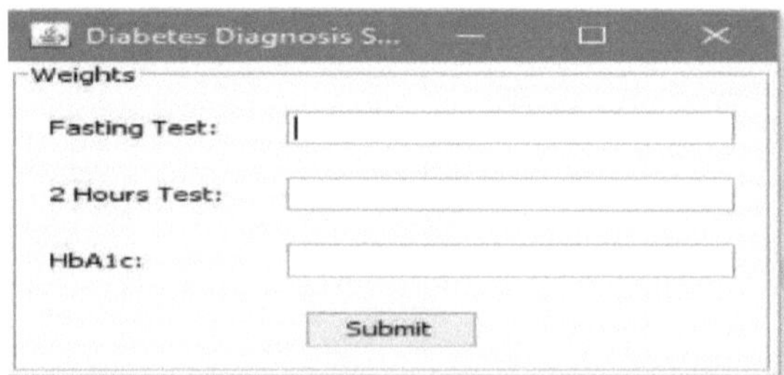

Figura 4.4Interface de pesos dos ensaios do DMDS

4.3.2 Interface de diagnóstico

É a segunda interface do modelo. Trata-se de uma página onde o utilizador pode introduzir as informações do doente sobre a sua diabetes mellitus. A partir da interface de diagnóstico, depois de clicar no botão de diagnóstico, a informação introduzida será comparada com a base de dados de casos, recuperando os dados da base de dados de casos para efetuar o cálculo da "semelhança" do diagnóstico. Após o cálculo, o resultado apresentará o resultado da diabetes mellitus com a informação do doente e a semelhança do caso anterior. A figura (4.5) abaixo mostra a interface de diagnóstico:

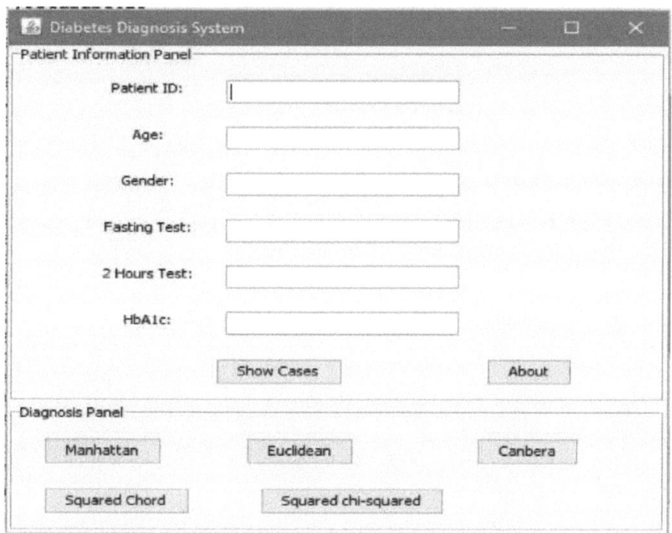

Figura 4.5 Interfaces de diagnóstico do DMDS

4.3.3 Interface de resultados

Esta é a interface de resultados onde é apresentado o resultado do diagnóstico. Na interface de resultados, é apresentado o resultado do diagnóstico, o melhor caso correspondente e a semelhança do caso com o caso anterior. O utilizador pode optar por manter o caso ou ir para a página final, que é a interface de saída.

A semelhança será calculada utilizando as funções Manhattan, Euclidean, Canberra, Squared Chord e Squared chi-squared. Apresentado na figura (4.6):

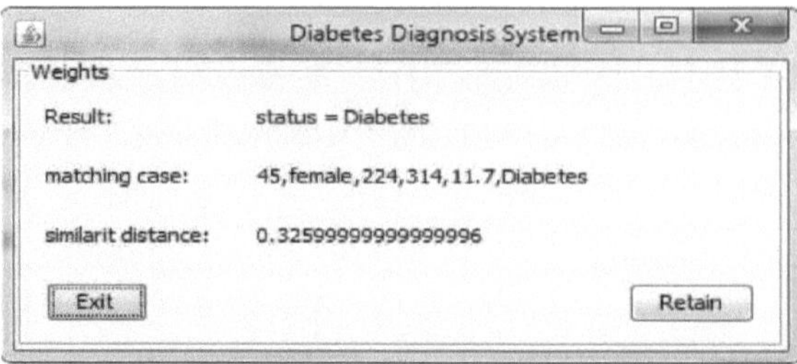

Figura 4.6 Interfaces de resultados do DMDS

As tabelas seguintes mostram os códigos das funções que são implementadas. A tabela (4.2) mostra o código de leitura do valor do novo atributo do utilizador e da sua armazenagem na variável newAttributeValue, e de leitura do valor do atributo mais antigo da base de dados e da sua armazenagem em caseAttributeValue:

Quadro 4.2 valores dos casos novos e antigos

new and older case

`newAttributeValue = Double.parseDouble(this.newCaseAttributeValues[j]);`
 	
`caseAttributeValue = Double.parseDouble( theCase.attributeValues[j]);}`

O segundo passo consiste em calcular a semelhança entre estes casos. A primeira função utilizada para calcular a distância de semelhança é a função Manhattan. A variável this.distance armazena a distância de similaridade que é calculada subtraindo o valor do novo atributo do valor do atributo do caso multiplicado pelo peso do atributo do novo caso. A tabela seguinte (4.3) mostra o código que calcula a distância utilizando a função Manhattan:

Tabela 4.3 Código de cálculo da função Manhattan

Manhattan function calculation
`if(choice=='m')// manhattan` `        this.distances[i] += Math.abs(newAttributeValue - caseAttributeValue) * this.bobot[j];`

A segunda função utilizada para calcular a distância de semelhança é a função Euclidean. A tabela seguinte (4.4) mostra o código que calcula a distância utilizando a função Euclidiana:

Tabela 4.4 Código de cálculo da função euclidiana

Euclidean function calculation
| ```
if(choice=='e') //euclidean
    this.distances[i] += Math.sqrt(Math.pow((newAttributeValue - caseAttributeValue),2) * this.bobot[j]);
``` |

A terceira função utilizada para calcular a distância de similaridade é a função Canberra. A tabela seguinte (4.5) mostra o código que calcula a distância utilizando a função Canberra:

Tabela 4.5 Código de cálculo da função euclidiana

Canberra function calculation
| ```
if(choice=='c')// canberra
    this.distances[i] += Math.abs((newAttributeValue - caseAttributeValue))/(newAttributeValue + caseAttributeValue);
``` |

A quarta função utilizada para calcular a distância de similaridade é a função Squared Chord. A tabela seguinte (4.6) mostra o código que calcula a distância utilizando a função Squared Chord:

Tabela 4.6 Código de cálculo da função de corda quadrada

Squared Chord function calculation
| ```
if(choice=='s')//squared chord
    this.distances[i] += Math.pow((Math.sqrt(newAttributeValue) - Math.sqrt(caseAttributeValue)),2) ;
``` |

A quinta função utilizada para calcular a distância de similaridade é a função Qui-quadrado ao quadrado. A tabela seguinte (4.7) mostra o código que calcula a distância utilizando a função Qui-quadrado ao quadrado:

Tabela 4.7 Código de cálculo da função qui-quadrado quadrado

Squared chi-squared function calculation
| ```
if(choice=='i')//squared chi-squared
    this.distances[i] += Math.pow((Math.abs((newAttributeValue - caseAttributeValue))),2)/(newAttributeValue + caseAtt
``` |

A Figura 4.7 mostra a lista da base de casos de doentes diabéticos no ficheiro de texto. Há um ficheiro que contém todo o conjunto de dados de casos anteriores. Este conjunto de dados contém seis atributos: idade, sexo, teste de jejum, teste de duas horas, teste HbA1c e o resultado do diagnóstico. A tabela contém 140 registos de doentes do hospital militar. A idade, o teste em jejum, o teste de duas horas e a HbA1c são definidos como inteiros, o sexo e o resultado são definidos como String. A figura seguinte (4.7) mostra casos do ficheiro de texto:

```
57,female,140,220,7.3,Diabetes
50,female,114,140,9.5,Diabetes
37,female,110,198,9.1,Diabetes
```

Figura 4.7 casos em ficheiro de texto

Podemos obter todos os casos da base de dados e apresentá-los na interface da base de dados, omitindo a vírgula e colocando cada atributo do caso numa célula da interface da tabela. A figura seguinte (4.8) mostra os casos extraídos da base de dados e apresentados na interface:

Age	Gender	Fasting	2 Hours	HbA 1c	Status
49	female	214	0	11.4	Diabetes
52	female	0	288	11.8	Diabetes
45	male	346	366	9.8	Diabetes
45	female	224	314	11.7	Diabetes
45	male	0	264	11.4	Diabetes
68	female	0	144	6.9	Diabetes
55	female	0	462	15	Diabetes
57	male	0	341	12.6	Diabetes
29	female	0	151	6.3	Diabetes
53	male	140	253	7.4	Diabetes
60	female	0	407	9.7	Diabetes
37	female	0	98	4.2	Normal
72	female	0	166	7.2	Diabetes
50	female	108	177	4.5	Normal
65	female	101	155	4.1	Normal
55	female	110	140	5	Normal
57	female	98	133	4.3	Normal
50	female	114	130	5.5	Normal
37	female	110	198	5.1	Normal
45	female	112	117	3.9	Normal
60	female	115	125	0	Normal
45	female	0	112	4	Normal
58	female	100	133	4.4	Normal
53	female	115	155	4.6	Normal
60	female	95	110	4.6	Normal

Figura 4.8 Pacientes diabéticos Conjunto de dados do DMDS

4.3.4 Interface de Informação da Diabetes mellitus

Esta página consiste numa breve explicação sobre a diabetes mellitus. Destina-se a dar uma visão geral ao utilizador sobre a diabetes e os sintomas da diabetes mellitus. A figura (4.9) mostra a interface de informação:

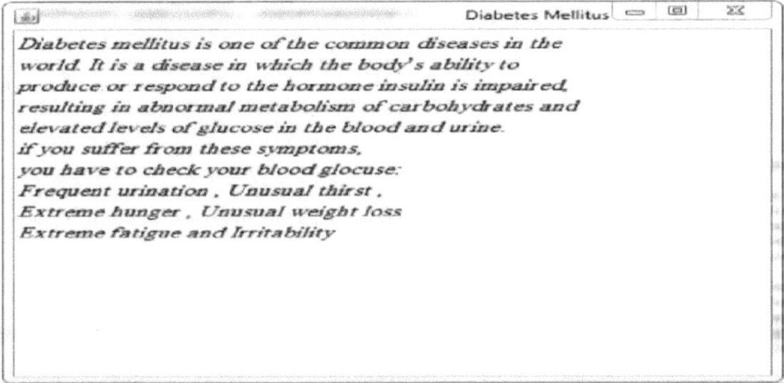

Figura 4.9 Interface de informação sobre a diabetes mellitus do DMDS

4.3.5 Interface da caixa de retenção

Esta interface é responsável pela retenção dos casos; se o resultado for incorreto, o utilizador pode corrigi-lo e guardar o caso problemático como um novo caso na base de casos; caso contrário, se a solução for adequada, o caso não será retido. A figura (4.10) mostra a interface de retenção de casos na nossa aplicação:

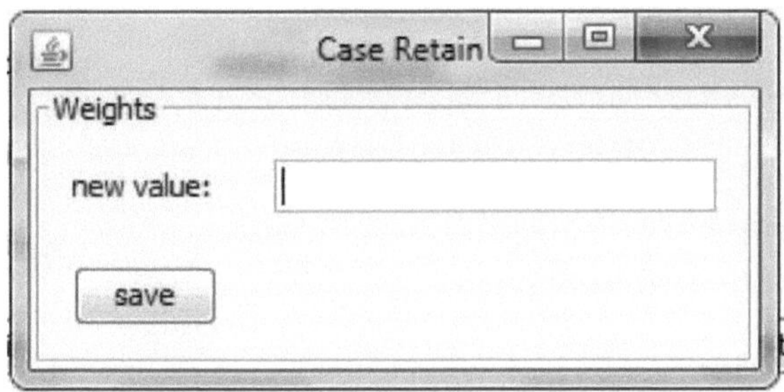

Figura 4.10 Casos que permanecem na DMDS

A variável newvalue é o caso problemático que queremos reter na base de dados de casos. A tabela seguinte (4.8) mostra o código de retenção de casos:

Quadro 4.8 Caso Manter

<table>
<tr><td align="center">Retain Case</td></tr>
</table>

```
save.addActionListener(new ActionListener(){
    public void actionPerformed(ActionEvent e){
        try {

            StringBuilder sbFile = File.read(Config.caseFilename).bulkData;
                sbFile.append(newvalue);
            }
        catch (Exception em) {
            System.out.println(em.getMessage());
            em.printStackTrace();
        }
        System.exit(0);
    }});
```

4.4 Módulo do motor da aplicação de diagnóstico da diabetes

Na RBC, há quatro componentes que são importantes durante a predição: recuperar, reutilizar, rever e reter. No desenvolvimento do sistema de diagnóstico da diabetes, a recuperação refere-se ao facto de, dado um problema-alvo, se recuperarem casos da memória que sejam relevantes para o resolver. Um caso consiste num problema, na sua solução e na forma como a solução foi obtida. Nesta aplicação, a recuperação de casos refere-se ao processo de encontrar o caso mais próximo,

que inclui a solução para o novo caso na base de casos. Depois de o caso mais próximo ser recuperado, a solução do caso anterior é reutilizada para resolver o novo caso.

4.4.1 Medida de semelhança

A medida de semelhança é utilizada na resolução de problemas e no raciocínio para fazer corresponder um caso anterior (caso-base) a um novo caso para encontrar uma solução. Seleciona casos que têm quase a mesma solução que o novo caso. Estas semelhanças podem ser calculadas utilizando estas funções e as suas equações:

1. Distância de Manhattan

A distância de Manhattan é a distância mais curta que um carro teria de percorrer numa estrutura de quarteirões para ir de x a y. Uma vez que se considera a distância absoluta em cada dimensão antes de as somar, a distância de Manhattan será sempre maior ou igual à distância euclidiana, que podemos imaginar como a distância linear entre dois pontos. A equação seguinte (4.1) descreve esta função:

$$d = \sum_{i=1}^{n} |x_i - y_i| \ldots (4.1)$$

Onde:

d: Distância de Manhattan

x_i : Novo caso

y_i : Caso antigo

n: número de casos comparados

Quando aplicámos esta função para calcular a distância de semelhança entre o caso problemático e o caso mais antigo, obtivemos 76% de precisão e a percentagem de taxa de erro nos casos: diabético, pré-diabético e normal foi de 7,1%, 2,6% e 2,7% sequencialmente. A razão por detrás da baixa taxa de precisão é que quando os testes têm valores de atributos grandes, que serão comparados com valores médios ou baixos dos atributos dos casos, isso resultará numa grande distância.

2. Distância euclidiana

Esta é praticamente a medida de distância mais comum. É tão comum, de facto, que é muitas vezes chamada distância euclidiana, apesar de haver muitas medidas de distância euclidianas, como acabámos de aprender. É definida pela equação (4.2):

$$d = \sqrt{\sum_{i=1}^{n}(x_i - y_i)^2} \ldots (4.2)$$

d: Distância euclidiana

x_i : Novo caso

y_i : Caso antigo

n: número de casos comparados

Esta distância euclidiana soma todas as distâncias ao quadrado entre os pontos de dados correspondentes e obtém a raiz quadrada do resultado. Lembra-se do Teorema de Pitágoras? Se reparar bem, a distância euclidiana é apenas um teorema resolvido para a hipotenusa que é, neste caso, a distância entre x e y. Pode ser arbitrariamente grande e só é zero se os pontos de dados forem todos exatamente iguais.

Quando aplicámos esta função para calcular a distância de semelhança entre o caso problemático e o caso mais antigo, obteve-se uma precisão de 76% e a percentagem de taxa de erro nos casos: diabético, pré-diabético e normal foi de 3,2%, 1,7% e 1,8% sequencialmente. A razão por detrás destas percentagens é que a distância euclidiana é bastante sólida: é maior para distâncias maiores e menor para pontos de dados mais próximos.

3. Distância de Camberra

(Lance e Williams, 1967) examina a soma de uma série de diferenças fraccionárias entre as coordenadas de um par de objectos. Cada termo da diferença de fração tem um valor entre 0 e 1. Esta distância é muito sensível a uma pequena alteração quando ambas as coordenadas estão próximas de Q. É definida pela equação (4.3)

$$d_{ij} = \sum_{k=1}^{n} \frac{|x_{ik} - x_{jk}|}{|x_{ik}| + |x_{jk}|} \dots (4.3)$$

Onde:

$d_i\,j$: Distância de Camberra

x_{ik} : Nova caixa

X_{jk} : Caso antigo

n: Número de casos comparados

Esta função obteve a taxa de precisão máxima quando aplicada para calcular a distância de similaridade. A sua precisão foi de 92%. E a taxa de erro percentual para os casos: diabético, pré-diabético e normal foi de 0,73%, 0,21%, 0,01% sequencialmente. Consideramos que esta função é a melhor entre as outras funções.

4. Acorde quadrado

Os valores da distância de corda quadrada podem variar entre 0,0 e 2,0, sendo que 0,0 indica proporções idênticas de espécies nas amostras que estão a ser comparadas. É definida pela equação (4.4):

$$d = \sum_{i=1}^{n} (\sqrt{x_i} - \sqrt{y_i})^2 \dots (4.4)$$

Onde:

d: Distância quadrada da corda

x_{ik} : Nova caixa

X_{jk} : Caso antigo

n: Número de casos comparados

Quando aplicámos esta função para calcular a distância de semelhança entre o caso problemático e o caso mais antigo, obtivemos 78% de precisão e a taxa de erro percentual nos casos: diabético, pré-diabético e normal foi de 0,87%, 0,66% e 0,93% sequencialmente. A razão por detrás da baixa taxa de precisão é que quando os testes têm valores de atributos grandes, que serão comparados com valores médios ou baixos dos atributos dos casos, isso resultará numa grande distância.

5. Qui-quadrado Qui-quadrado

Um teste do qui-quadrado, também designado por teste do $\chi 2$, é um teste de hipóteses estatísticas em que a distribuição amostral da estatística de teste é uma distribuição do qui-quadrado quando a hipótese nula é verdadeira. Sem outra qualificação, "teste do qui-quadrado" é frequentemente utilizado como abreviatura de teste do qui-quadrado de Pearson. Os testes do qui-quadrado são frequentemente construídos a partir de uma soma de erros quadrados ou através da variância da amostra. As estatísticas de teste que seguem uma distribuição de qui-quadrado surgem de uma suposição de dados independentes normalmente distribuídos, que é válida em muitos casos devido ao teorema do limite central. Um teste do qui-quadrado pode ser utilizado para tentar rejeitar a hipótese nula de que os dados são independentes. É definido como a equação (4.5):

$$d = \sum_{i=1}^{n} \frac{(x_i - y_i)^2}{(x_i + y_i)} \dots (4.5)$$

Onde:

n: número de casos comparados

x_i : Novo caso

y_i: Caso mais antigo

Esta função obteve a taxa de precisão mínima quando aplicada para calcular a distância de similaridade. A sua precisão foi de 72%. E a taxa de erro percentual para os casos: diabético, pré-diabético e normal foi de 0,44%, 0,33% e 0,86%, sequencialmente.

4.5 Testes e resultados

Os cinco atributos utilizados são a idade, o género, o teste de glicemia em jejum, o OGTT de duas horas e a medição da HbA1C como entrada do sistema. A medida de semelhança é utilizada na resolução de problemas e no raciocínio para fazer corresponder um caso anterior de diabetes mellitus ao novo problema para encontrar uma solução. Depois de encontrar a semelhança, esta será calculada utilizando as funções Manhattan, Euclidean, Canberra, Squared Chord e Squared chi-squared. As caraterísticas mais importantes (peso) são determinadas e serão utilizadas no cálculo da semelhança (para Manhattan e Euclidean).

4.5.1 Medição da precisão

A exatidão da medida é calculada da seguinte forma, de acordo com a Equação 4.6:

$$\text{Accuracy} = \frac{\text{Correct Diagnosed}}{\text{Total Testing Cases}} * 100 \ldots (4.6)$$

Para estimar a taxa de precisão do modelo CBR, o conjunto de dados é dividido em dois conjuntos. Um deles é o conjunto de treino que é utilizado para o treino do modelo e o outro é o conjunto de teste que é utilizado para estimar a precisão do modelo. Assim, 140 dos dados são afectados aos dados de treino e 50 são afectados aos dados de teste. O resultado do sistema é normal, pré-diabético ou diabético.

Nesta aplicação, o algoritmo CBR permite obter mais de 72% de precisão no diagnóstico da diabetes mellitus e um máximo de 94%. A exatidão de todas as funções que foram utilizadas para calcular a distância de semelhança é explicada na tabela (4.9) abaixo:

Tabela 4.9 Taxa de exatidão das funções de semelhança

Function	Accuracy
Manhattan	76%
Euclidian	76%
Canberra	94%
Squared Chord	78%
Squared chi-squared	72%

A figura seguinte (4.11) é um gráfico que mostra a taxa de precisão construída nos eixos x e y, o eixo x determina o número de casos de teste que foram testados utilizando as funções de semelhança que foram discutidas na secção anterior desta tese, e o eixo y determina o resultado do teste, correto ou não.

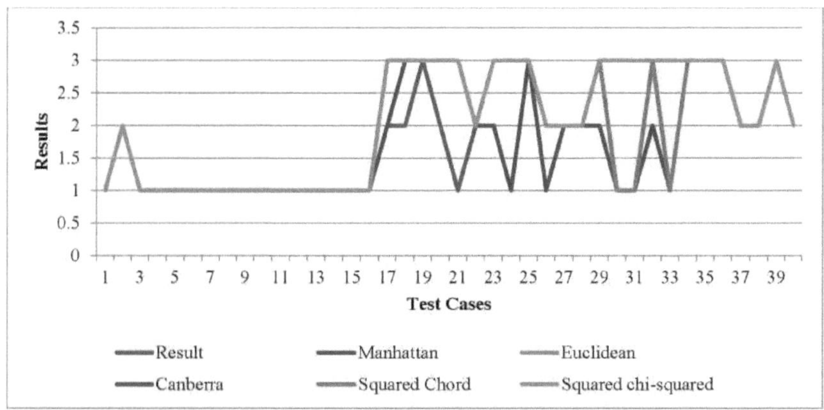

Figura 4.11 Taxa de precisão das funções de similaridade

A figura seguinte (4.12) é um gráfico que mostra a taxa de precisão construída nos eixos x e y, o eixo x determina o número de casos de teste que foram testados utilizando as funções de semelhança de Manhattan que foram discutidas na secção anterior desta tese, e o eixo y determina o resultado correto.

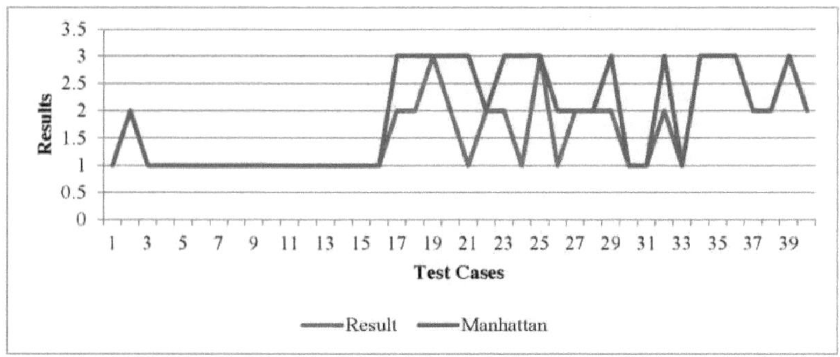

Figura 4.12 Precisão da função Manhattan

A figura seguinte (4.13) é um gráfico que mostra a taxa de precisão construída nos eixos x e y. O eixo x determina o número de casos de teste que foram testados utilizando as funções de semelhança euclidiana discutidas na secção anterior desta tese e o eixo y determina o resultado correto.

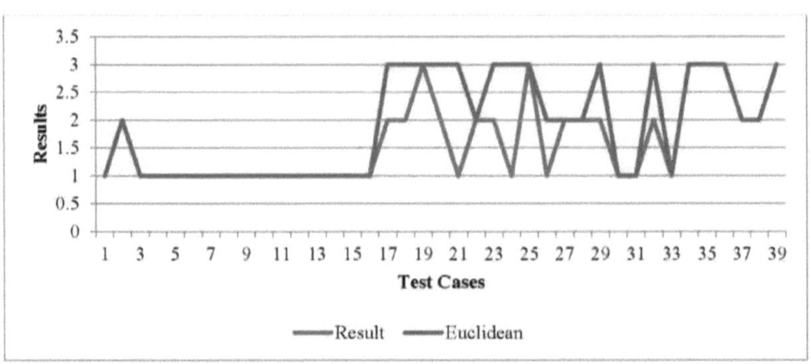

Figura 4.13Exactidão da função euclidiana

A figura seguinte (4.14) é um gráfico que mostra a taxa de exatidão construída nos eixos x e y. O eixo x determina o número de casos de teste que foram testados utilizando as funções de semelhança de Camberra que foram discutidas na secção anterior desta tese, e o eixo y determina o resultado correto.

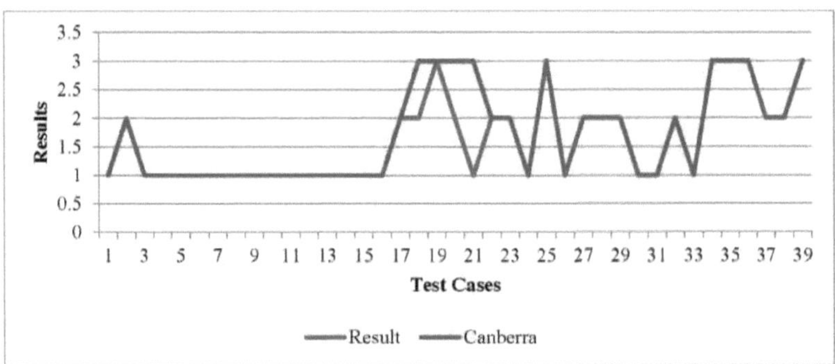

Figura 4.14 Exatidão da função de Camberra

A figura seguinte (4.15) é um gráfico que mostra a taxa de precisão construída nos eixos x e y. O eixo x determina o número de casos de teste que foram testados utilizando as funções de semelhança Squared Chord, discutidas na secção anterior desta tese, e o eixo y determina o resultado correto.

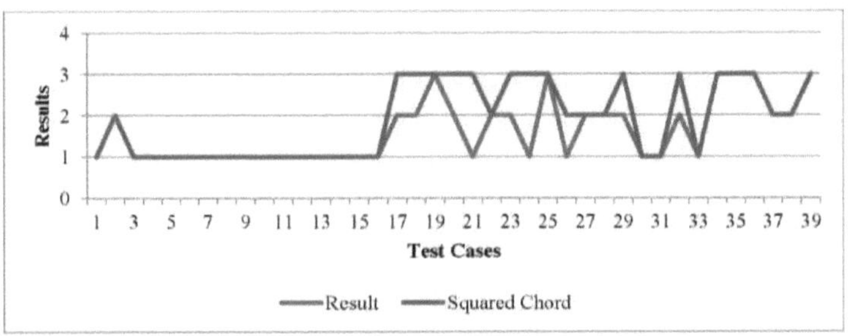

Figura 4.15 Precisão da função de corda quadrada

A figura seguinte (4.16) é um gráfico que mostra a taxa de exatidão construída nos eixos x e y. O eixo x determina o número de casos de teste que foram testados utilizando as funções de semelhança Qui-quadrado quadrado, discutidas na secção anterior desta tese, e o eixo y determina o resultado correto.

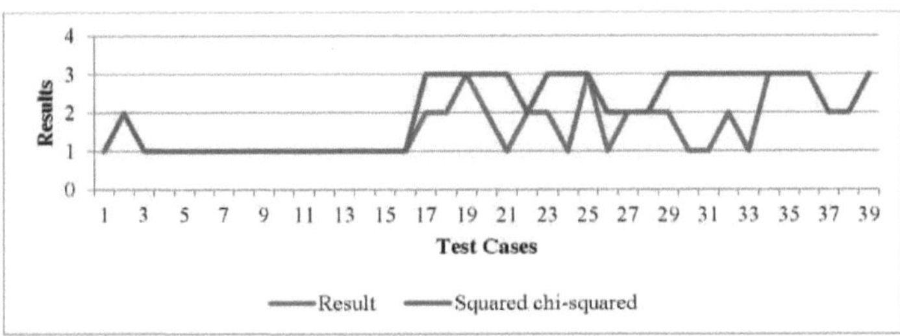

Figura 4.16 Precisão da função qui-quadrado ao quadrado

4.5.2 Fórmula do desvio médio quadrático (RMSD)

Também designado por erro médio quadrático (RMSE), é uma medida frequentemente utilizada das diferenças entre os valores (valores da amostra e da população) previstos por um modelo ou um estimador e os valores efetivamente observados. O RMSD representa o desvio padrão da amostra das diferenças entre os valores previstos e os valores observados. Estas diferenças individuais são designadas por resíduos quando os cálculos são efectuados sobre a amostra de dados que foi utilizada para a estimativa e são designadas por erros de previsão quando calculados fora da amostra. O RMSD serve para agregar as magnitudes dos erros nas previsões para vários momentos numa única medida de poder de previsão. O RMSD é uma medida de exatidão, para comparar erros de previsão de diferentes modelos para uma determinada variável e não entre variáveis, uma vez que é dependente da escala.

Embora o RMSE seja uma das medidas de discordância mais frequentemente comunicadas, alguns cientistas interpretam erradamente o RMSD como erro médio, o que não é o caso. O RMSD é a raiz quadrada da média dos erros quadrados, pelo que o RMSD confunde a informação relativa ao erro médio com a informação relativa à variação dos erros. O efeito de cada erro no RMSD é proporcional à dimensão do erro quadrático, pelo que os erros maiores têm um efeito desproporcionadamente grande no RMSD.

$$RMSE(X_1, X_2) = \sqrt{\frac{\sum_{i=1}^{n}(X_{1,i} - X_{2,i})^2}{n}} \quad \dots (4.7)$$

Onde:

$(x_{1i} - x_{2i})Sup{>}2$ = diferença de semelhança, ao quadrado n = dimensão da amostra.

O quadro seguinte (4.10) ajuda-nos a estimar a percentagem da taxa de erro para todas as funções de similaridade que foram aplicadas nesta investigação. C# é o número do caso da base de dados e o seu valor é o seu valor de semelhança; tomámos para cada estado uma amostra de casos.

Tabela 4.10 casos de semelhança para calcular a taxa de erro

#	C1	C2	C3	C4	C5	C6	C7	C8	chosen	function
Diabetic	3.66	1.56	1.51	3.2	0.24	7.2	1.46	3.28	5	Manhattan
	2.6	1.15	1.1	2.29	0.20	5.11	1.06	2.3	5	Euclidean
	0.45	0.38	0.37	0.43	0.13	0.75	0.29	0.31	5	Canberra
	0.19	0.05	0.05	0.15	0.007	0.61	0.06	0.189	5	S-Chord
	0.38	0.103	0.106	0.31	0.015	1.19	0.12	0.37	5	S-chi-s
Prediabetic	0.751	1.362	0.261	0.85	1.766	1.361	1.726	1.491	3	Manhattan
	0.4495	0.9325	0.177	0.597	1.118	0.892	1.082	1.0039	3	Euclidean
	0.0029	0.00306	0.0008	0.00148	0.0053	0.0039	0.00536	0.0048	3	Canberra
	0.0288	0.04628	0.0016	0.02143	0.0862	0.039	0.0852	0.0487	3	S-Chord
	0.0567	0.09202	0.0032	0.04273	0.1678	0.0764	0.1649	0.0965	3	S-chi-s

0.936	0.541	2.33	0.522	0.495	2.64	3.14	1.23	5	Manhattan
0.5585	0.367	1.5	0.33	0.347	1.84	2.15	0.7638	4	Euclidean
0.0038	0.0017	0.0065	0.00249	0.0019	0.0117	0.01318	0.0046	2	Canberra
0.0407	0.00673	0.1328	0.01122	0.0089	1.106	1.128	0.0502	2	S-Chord
0.0796	0.01346	0.2592	0.0223	0.0179	1.11	1.15	0.0983	2	S-chi-s

(Normal)

A tabela seguinte (4.11) mostra a taxa de erro para todas as funções de semelhança quando o caso de diagnóstico é para doentes diabéticos. A percentagem da taxa de erro foi calculada utilizando a fórmula RMSE.

Tabela 4.11 Taxa de erro (caso diabético) calculada utilizando a fórmula RMSE

Function	Error rate
Manhattan	7.14%
Euclidean	3.2%
Canberra	0.73%
Squared Chord	0.44%
Squared chi-squared	0.87%

A tabela seguinte (4.12) mostra a taxa de erro para todas as funções de semelhança quando o caso de diagnóstico é para doentes pré-diabéticos. A percentagem da taxa de erro foi calculada utilizando a fórmula RMSE.

Tabela 4.12 Taxa de erro (caso pré-diabético) calculada utilizando a fórmula RMSE

Function	Error rate
Manhattan	2.6%
Euclidean	1.7%
Canberra	0.21%
Squared Chord	0.33%
Squared chi-squared	0.66%

A tabela seguinte (4.13) apresenta a taxa de erro das funções de semelhança quando o diagnóstico é efectuado para doentes normais. A percentagem da taxa de erro foi calculada utilizando a fórmula RMSE:

Quadro 4.13 Taxa de erro (caso normal) calculada utilizando a fórmula RMSE

Function	Error rate
Manhattan	2.783879398
Euclidean	1.844240551
Canberra	0.011447917
Squared Chord	0.859422885
Squared chi-squared	0.934491109

A taxa de erro foi calculada utilizando a fórmula RMSE. Os resultados apresentados na figura (4.17) indicam que a função que produz o erro mínimo é a de Camberra. O eixo x é o número de casos testados e o eixo y é a percentagem da taxa de erro para todas as funções de semelhança:

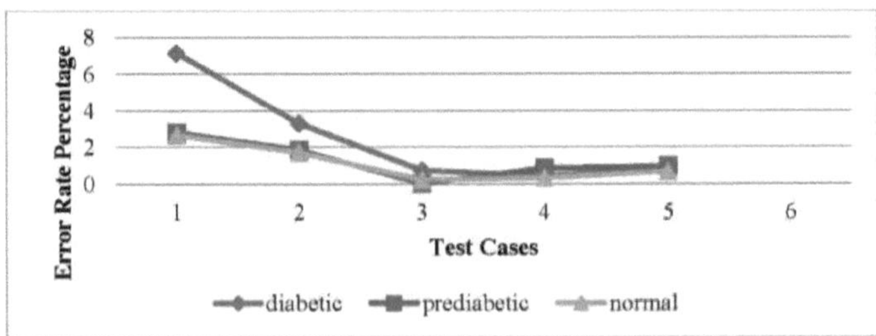

Figura 4.17 Taxa de erro das funções de semelhança utilizando a fórmula RMSE

4.6 Discussão

O sucesso deste trabalho permitirá alavancar o desenvolvimento de sistemas de RBC em medicina. Tornar-se-á possível desenvolver um serviço Web para federar o processo de RBC em vários domínios da medicina. Este trabalho permitirá aos pacientes a reutilização de sistemas de RBC e o seu desenvolvimento. Fornecerá também a base para o desenvolvimento de um shell de RBC para o desenvolvimento rápido de sistemas de RBC em medicina.

Os resultados acima apresentados forneceram algumas indicações sobre os factores que afectam o desempenho do sistema RBC, tais como a gama de valores que afecta a distância de semelhança entre dois casos.

O nosso trabalho também ajudará os novos médicos a diagnosticar este perigoso mellitus, bem como a aumentar a disponibilidade e o número de recursos e actividades para as pessoas com diabetes, as suas famílias e outras partes interessadas.

4.7 Resumo

A conceção do sistema de diagnóstico da diabetes é apresentada com o ambiente de desenvolvimento e a conceção da interface é discutida. A aplicação aplica a técnica CBR. O capítulo seguinte abordará os testes e os resultados dos mesmos.

CAPÍTULO 5

CONCLUSÃO E RECOMENDAÇÃO

5.1 Conclusão

O objetivo deste algoritmo é servir de assistente de diagnóstico médico e ajudar os jovens médicos a verificar o seu diagnóstico.

Como mencionado no Capítulo 1 Introdução, os objectivos desta aplicação são

1) Desenvolver uma aplicação inteligente de apoio à decisão para o diagnóstico da diabetes mellitus de forma a classificar o estado do paciente em normal, pré-diabético ou diabético.

2) Aplicar o algoritmo CBR na aplicação de diagnóstico da diabetes mellitus.

Os objectivos desta aplicação foram atingidos. O resultado dos testes não atingiu 100%; mas conseguimos uma elevada percentagem de exatidão.

Os métodos de RBC ajudam a compensar a falta de experiência dos jovens profissionais de saúde. O pessoal inexperiente precisa da orientação do pessoal experiente para melhorar as suas competências no tratamento do diagnóstico:

1- Foi feito um levantamento das tendências e desenvolvimentos dos recentes sistemas médicos de RBC.

2- Desenvolveu-se um sistema de raciocínio baseado em casos para provar que é possível diagnosticar a diabetes mellitus que anteriormente só era diagnosticada manualmente

3- como um algoritmo de correspondência de semelhanças melhora o desempenho do sistema.

4- Reduzir o tempo necessário para tomar uma decisão, nomeadamente em caso de urgência.

Há algumas sugestões e recomendações que devem ser feitas para melhorar a aplicação, como se segue:

1. Conhecer os especialistas no domínio médico sobre a Diabetes mellitus para descobrir os atributos mais importantes que utilizaram para fazer o diagnóstico da Diabetes mellitus.

2. Desenvolver uma aplicação especial para diagnosticar a diabetes mellitus em mulheres em período de gestação.

3. Para a próxima versão, esta aplicação pode ser implementada no âmbito de uma aplicação
móvel devido ao desenvolvimento da tecnologia atual.

REFERÊNCIAS

1.Begum, S., Ahmed, M.U. e Funk, P., 2009. Case-based systems in health sciences: a case study in the field of stress management. Wseas transactions on systems, 8(3), pp.344-354.

2. Jha, M.K., Pakhira, D. e Chakraborty, B., 2013. Deteção e tratamento da diabetes aplicando técnicas de RBC. Int. J. Soft Comput. Eng, 2(6), pp.132-137.

3. Watson, I., 1998. Aplicar o raciocínio baseado em casos: técnicas para sistemas empresariais. Morgan Kaufmann Publishers Inc..

4. Mathers, C.D. e Loncar, D., 2006. Projections of global mortality and burden of disease from 2002 to 2030 (Projecções da mortalidade global e do peso da doença de 2002 a 2030). PLoS medicine, 3(11), p.e442.

5. Mathers, C.D. e Loncar, D., 2006. Projections of global mortality and burden of disease from 2002 to 2030 (Projecções da mortalidade global e do peso da doença de 2002 a 2030). PLoS medicine, 3(11), p.e442.

6. Organização Mundial de Saúde, 2013. Critérios de diagnóstico e classificação da hiperglicemia detetada pela primeira vez na gravidez.

7. Publicação NIH n.º 14ion, 2013. Número do relatório: WHO/NMHPrediabetes

8.Ambilwade, R.P., Manza, R.R. e Gaikwad, B.P., 2014. Sistemas médicos especializados para o diagnóstico de diabetes: um inquérito. Jornal Internacional de Pesquisa Avançada em Ciência da Computação e Engenharia de Software, 4(11).

9.Olaniyi, E.O. e Adnan, K., 2014. Diagnóstico de diabetes de início usando rede neural artificial. Revista Internacional de Investigação Científica e de Engenharia,5(10).

10. Akter, M., Uddin, M.S. e Haque, A., 2009. Diagnosis and management of diabetes mellitus through a knowledge-based system (Diagnóstico e gestão da diabetes mellitus através de um sistema baseado no conhecimento). Na 13.ª Conferência Internacional de Engenharia Biomédica (pp. 1000-1003). Springer Berlin Heidelberg.

11. Zeki, T.S., Malakooti, M.V., Ataeipoor, Y. e Tabibi, S.T., 2012. Um sistema especializado para o diagnóstico da diabetes. American Academic & Scholarly Research Journal, 4(5), p.1.

12. Schank, R.C., 1983. Dynamic memory: A theory of reminding and learning in computers and people. cambridge university press.

13. Leake, D.B., 1996. A RBC em contexto: The present and future. Case-Based Reasoning, Experiences, Lessons & Future Diretions, pp.1-30.

14. Aamodt, A. e Plaza, E., 1994. Raciocínio baseado em casos: Foundational issues, methodological variations, and system approaches. AI communications, 7(1), pp.39-59.

15. Slade, S., 1991. Raciocínio baseado em casos: Um paradigma de investigação. Revista AI,12(1), p.42.

16. Kolodner, J., 1993. Case based reasoning. Morgan Kauffman. San Mateo CA.

17. De Mantaras, R.L., McSherry, D., Bridge, D., Leake, D., Smyth, B., Craw, S., Faltings, B., Maher, M.L., T COX, M.I.C.H.A.E.L., Forbus, K. e Keane, M., 2005. Recuperação, reutilização, revisão e retenção no raciocínio baseado em casos. The Knowledge Engineering Review, 20(3), pp.215-240.

18. Lopez, B., 2013. Raciocínio baseado em casos: uma introdução concisa. Synthesis Lectures on Artificial Intelligence and Machine Learning, 7(1), pp.1-103.

19. Finnie, G. e Sun, Z., 2002. Similaridade e métricas no raciocínio baseado em casos. Revista internacional de sistemas inteligentes, 17(3), pp.273-287.

20. Cunningham, P., 2009. Uma taxonomia dos mecanismos de semelhança para o raciocínio baseado em casos. IEEE Transactions on Knowledge and Data Engineering, 21(11), pp.1532-1543.

21. Aha, D.W., 1998. A omnipresença do raciocínio baseado em casos na ciência e na aplicação. Sistemas baseados no conhecimento, 11(5), pp.261-273.

22. Kolodner, J.L., 1996. Tornar explícito o implícito: Clarificar os princípios do raciocínio baseado em casos. Case-based reasoning: Experiences, lessons & future diretions, pp.349-370.

23. Watson, I. e Marir, F., 1994. Raciocínio baseado em casos: A review. The knowledge engineering review, 9(4), pp.327-354.

24. Richter, M.M., 1995. O conhecimento contido nas medidas de similaridade.

25. **Relatório global sobre a diabetes, 2016. Organização Mundial de Saúde, Genebra.**

26. Kirsh, D., 1991. Foundations of AI: the big issues. Artificial intelligence,47(1-3), pp.3-30

Printed by Books on Demand GmbH, Norderstedt / Germany